DES CAUSES

DE LA SCROFULE

A METZ.

METZ.—TYP. J. VERRONNAIS.

DES CAUSES

DE LA SCROFULE

A METZ,

NOTAMMENT

CHEZ LES INDIGENTS

DE LA CINQUIÈME SECTION,

Par M. le Docteur E. LEGRAND.

(Extrait des Travaux de la Société des Sciences médicales de la Moselle ; 1856.)

METZ,
Imprimerie, Librairie et Lithographie de Jules **VERRONNAIS**,
rue des Jardins, 14.

1857.

A LA MÉMOIRE

De mon Père et de mon Aïeul, Médecins de Charité
de la cinquième section.

SÉANCE GÉNÉRALE ANNUELLE DE LA SOCIÉTÉ DES SCIENCES MÉDICALES
Tenue le 30 Juin 1857.

DISCOURS
De M. le Docteur E. LEGRAND, Président.

DES CAUSES
DE LA SCROFULE A METZ,
NOTAMMENT
CHEZ LES INDIGENTS
DE LA CINQUIÈME SECTION.

MESSIEURS,

Il y a trente-huit ans, lorsque s'est fondée la Société des Sciences médicales de la Moselle, parmi les buts principaux qu'elle s'est proposé de poursuivre, elle a mis en première ligne l'étude des maladies de la localité et le soulagement des classes malheureuses qui en sont plus particulièrement affligées. Depuis son origine, elle s'est constamment préoccupée de la recherche des causes d'insalubrité, capables de développer à Metz les affections qu'on y observe le plus souvent. Un grand nombre des questions de prix que chaque année elle a offert à l'émulation des savants, se rattache à des sujets d'intérêt local. Par tous ces efforts, la Société a pour objet de réunir les éléments d'une Topographie et d'une Statistique médicales complètes de la ville et du département: œuvre considérable, pour laquelle, dès 1836, elle a tracé et adopté un plan qui, rédigé en commun par ses membres, deviendra, avec le temps, le lien de leurs pensées, et comme un monument de leurs travaux.

A peine conçue, l'idée a rencontré d'éloquents et sérieux interprètes. Plusieurs chapitres, dignes de cet important ouvrage, ont depuis longtemps déjà trouvé place dans les bulletins annuels que publie la Société*.

D'autres parties non moins intéressantes sont près d'être achevées.

Pour offrir une énumération exacte des investigations dont l'objet se rattache à nos localités, il faudrait rappeler à la fois et le nom des membres que la Société a perdus, et le nom de chacun de vous, Messieurs : il faudrait ouvrir successivement tous les cartons des archives dont le dépouillement révélerait des richesses ignorées : persévérants labeurs d'autant plus méritoires qu'ils sont le fruit de rares loisirs dérobés à la pratique médicale.

Fidèle à ces traditions de la Société, et pénétré de l'utilité du but qu'elle poursuit, je vais essayer, Messieurs, d'apporter un faible tribut à ce vaste ensemble qui consti-

---

* Parmi ces mémoires, on peut citer : une notice étendue sur l'hôpital militaire (Willaume); un article relatif à la constitution physique et au caractère des messins (Renauld); des études sur les aveugles et les sourds-muets de Metz (Gillot); les premières pages d'une histoire médicale du nord-est de la France (E. Bégin); deux communications sur la demeure et les maladies des pauvres de la première section (Dufourcq); des recherches sur les maladies endémiques, épidémiques et contagieuses qui ont régné dans notre pays, depuis les temps les plus reculés jusqu'à nos jours (F. Maréchal); enfin, un grand nombre de faits pathologiques, faisceau précieux de matériaux pour l'étude des maladies qui sont les plus fréquentes à Metz.

tuera plus tard la Topographie médicale de Metz, heureux si, me conformant aux vues de notre compagnie, je puis reconnaître ainsi et sa bienveillance, et l'honneur qu'elle m'a fait en m'appelant à ce fauteuil, où m'ont précédé des hommes aussi élevés par le caractère que par le dévouement à leur noble mission.

Au lieu donc de traiter devant vous, Messieurs, un sujet plus brillant, mais peut-être moins utile, de philosophie médicale, je vous demande la permission de vous entretenir *des causes de la scrofule à Metz et particulièrement chez les indigents de la cinquième section.*

De toutes les maladies qui atteignent les pauvres de notre cité, la scrofule est sans contredit la plus fréquente, celle qui, par l'étendue de son action, embrasse le plus vaste champ, et dont la manifestation affecte les formes les plus variées. C'est surtout pour ce mal que la nature, souvent avare de causes, se montre prodigue d'effets.

On peut l'affirmer avec l'accent de la vérité, la scrofule domine la pathologie de l'enfance, dans les parties de la cinquième section qui forment la demeure presqu'exclusive des indigents. Ce qui bientôt y frappe l'observateur, attaché à cette féconde mission de charité émanée du Bureau de bienfaisance, c'est que la plupart des enfants pauvres présentent une physionomie spéciale, dont l'expression varie sans doute d'individu à individu et se caractérise par des traits différents, mais dont l'ensemble est empreint d'un cachet spécifique, facile à saisir, quoiqu'échappant à une description exacte.

Les enfants qui sont prédisposés aux écrouelles, nous ont paru, en général, avoir la tête volumineuse, surtout vers l'occiput, le front haut et bombé, les tempes déprimées, les mâchoires larges, les os des pommettes proéminents, les lèvres grosses, la supérieure très-souvent gonflée, les ailes du nez et les paupières épaisses, les yeux grands, saillants et humides, les pupilles dilatées, les cils abondants, longs et recourbés. La douce et intelligente expression des traits du visage annonce, chez ces enfants, la vivacité et le développement prématuré de l'esprit; tandis que l'évolution du corps est retardée, la dentition difficile, le ventre gros et tombant, les membres grêles et les chairs molles quoique volumineuses. Telle est dans notre cité l'esquisse la plus commune de la disposition aux scrofules. Sous ces apparences, le mal couve et ne se révèle encore par aucun accident; mais l'occasion la plus légère le fera sortir de cette période d'incubation et parcourir les phases lentes de son opiniâtre ténacité.

Entre les manifestations nombreuses et variées de la scrofule, les formes que nous avons le plus souvent observées dans la cinquième section, sont, en premier lieu, les inflammations chroniques des paupières, les maladies du globe de l'œil, soit externes, soit quelquefois internes; puis, en suivant l'ordre de leur fréquence, le gonflement et l'induration des ganglions du col, et les diverses affections strumeuses de la peau et du cuir chevelu. Les abcès froids, le carreau, les otorrhées sont moins communs. Enfin, quoique fréquentes encore, les tumeurs blanches, les maladies des os et la carie des articulations deviennent déjà plus rares. Les autres symptômes si nombreux de ce mal protéiforme sont loin d'être aussi fréquemment observés que les précédents, dans cette subdivision de la ville.

Tel est, avec ses caractères les plus fréquents, le mal dont nous allons étudier les causes.

Ces causes doivent être recherchées dans l'influence des lieux et de l'atmosphère; dans celle des habitations, du régime alimentaire, des habitudes et des professions; enfin, dans des conditions personnelles, et le plus souvent héréditaires.

Commençons, Messieurs, par les causes qui dépendent des lieux, en présentant la topographie de cette partie de la ville qui fait plus spécialement l'objet de notre étude.

La cinquième section de notre cité est en très-grande partie peuplée par la classe voisine de l'indigence, et présente une physionomie assez nettement dessinée. Par la vétusté de ses maisons, elle trahit la vieille ville; par ses rues étroites et tortueuses, par le haut rempart flanqué de tours qui l'encaisse, par son antique porte, elle rappelle la ville de guerre qui fut, à des jours donnés, le boulevard du pays. Les cours d'eau qui l'environnent, avec leurs fossés et leurs écluses, révèlent les travaux de défense d'une des plus importantes places d'armes.

Placée par la nature et la déclivité du sol, ainsi que par la proximité d'une colline abrupte qui la borne au nord, dans une condition hygiénique peu favorable, cette portion de la cité a, de longue date, appelé sur elle l'attention de l'édilité messine, qui a déjà fait élargir ses rues, redresser leur alignement, et ouvrir quelques voies nouvelles, les seules qu'aient occupées des familles plus aisées, et dont le sol soit moins bas. Des projets d'autres percements sont adoptés, dans la vue de donner de l'air à des massifs trop considérables de constructions, et de fournir aux habitants des communications plus faciles. L'exécution rigoureuse des règlements de police a fait écarter certaines industries malsaines : enfin, de grandes améliorations ont été déjà réalisées par les soins éclairés de l'administration municipale.

En cherchant à apprécier les causes qui concourent à développer si fréquemment la scrofule dans ce quartier populeux, nous avons à tracer un tableau moins riant que ne serait celui de ces heureuses modifications. Mais notre tâche est, au contraire, de ne décrire que les conditions mauvaises qui résultent à la fois et de sa position topographique et de la misère de ceux qui l'habitent, conditions qui, bien que sans cesse combattues, se jouent des efforts les mieux combinés.

Le terrain qu'occupe cette section représente un triangle irrégulier dont la base est, du côté de l'est, formée par le rempart et le lit naturel de la Seille, tandis que le canal intérieur de cette rivière, en se repliant au pont Sailly, en constitue les deux autres côtés. Elle se trouve ainsi complètement entourée d'eau, et sa situation déclive en fait un des quartiers les plus bas de la ville *.

Moins étendue en superficie que chacune des autres sections, celle-ci compte une population relativement plus considérable **; fait qui se trouve d'accord avec ce qui a été constaté dans toutes les grandes villes, où les indigents se montrent agglomérés dans l'espace étroit de certains quartiers que par raison d'économie, ils recherchent exclusivement.

* La cote moyenne de son niveau n'est que de 169m au-dessus du niveau de la mer; celle de la 4e section est de 172m; celle de la 3e de 178m; celle de la 2e de 180m, et celle de la 1re de 168m.

** La superficie totale de la 5e section étant de 18 hectares, la voirie en occupe 4 et les constructions 14, sur lesquels habitent 8,700 âmes. Les calculs établissent qu'elle est notablement plus peuplée que chacune des autres. La surface totale habitée de la ville étant en effet représentée par le nombre conventionnel 100, les cinq sections le seront par les chiffres proportionnels suivants :

            La 4e section 23 p. %
            La 3e   id.   23 p. %
            La 2e   id.   20 p. %
            La 1re id.   18 p. %
            La 5e   id.   16 p. % seulement.

Tandis que ses 8,700 habitants sont à peu près les $^{19}/_{100}$ de la population totale : 45,000 âmes.

Ainsi, pour les conditions hygiéniques, la cinquième section se caractérise en quelques traits généraux : sa complète ceinture d'eau et la déclivité du sol y entretiennent un air toujours humide ; à l'est, des remparts fort élevés, au nord, la colline escarpée où s'élèvent la rue et les usines des tanneurs, s'opposent, en l'encaissant de deux côtés, au renouvellement de l'atmosphère ; enfin, l'agglomération sur une étendue restreinte, d'une population pauvre et nombreuse s'ajoute à ces deux causes d'insalubrité et en aggrave l'influence.

Ce tableau rapidement tracé resterait incomplet, si nous passions sous silence ce qui touche à la distribution des eaux, objet d'une si haute importance pour toute grande ville.

Sous ce rapport, la cinquième section n'est pas mieux partagée que les autres. Des puits existent dans la plupart des maisons ; mais l'eau n'en est pas potable, et trois fontaines seulement doivent fournir à tous les besoins de ses 8,700 habitants. L'insuffisance de l'eau est cause que les rues ne sont guère arrosées et les ruisseaux lavés que quand il pleut abondamment. Ces deux premières exigences de la propreté publique n'étant point suffisamment remplies, les eaux ménagères séjournent devant les maisons, s'y corrompent et donnent naissance à des émanations nuisibles. La salubrité est donc, dans ce quartier comme partout ailleurs, compromise par l'absence des bornes fontaines.

Nous nous garderons, Messieurs, d'insister sur ce point important, puisque la question agitée depuis tant d'années, vient enfin de recevoir une solution qui satisfait les vœux de tous. Après tant de difficultés vaincues et sans cesse renaissantes, la réalisation de ce projet demeurera l'honneur de l'administration qui l'aura opérée.

Pour nous médecins, la distribution à Metz d'eaux abondantes et de bonne qualité, aura pour effet de modifier d'une manière profonde et durable, les constitutions médicales de la ville; et, nous n'hésitons pas à le prédire, elle est appelée à produire une heureuse révolution dans le champ pathologique où nous exerçons chaque jour notre ministère.

La cinquième section s'en ressentira particulièrement : c'est en effet dans le canal intérieur de la Seille qui lui sert de limites, ou dans ses environs, que viennent, en raison de la déclivité du sol, aboutir les égouts d'une partie de la ville. N'étant lavés que par les eaux de pluie souvent insuffisantes, ces égouts, obstrués par des immondices de tout genre, deviennent des foyers de décomposition où les matières, tant animales que végétales, se transforment en miasmes putrides qui s'en exhalent par les embouchures. De là, pour tout le voisinage, une cause nouvelle et spéciale d'insalubrité.

Telles sont, Messieurs, les conditions générales que présente, au point de vue hygiénique, la Topographie de cette portion de notre ville et les causes qui favorisent le développement de la scrofule dans son indigente population. Recherchons maintenant celles qui peuvent provenir des habitations elles-mêmes *.

Les maisons occupées par les pauvres présentent des dispositions spéciales et semblent en quelque sorte stéréotypées sur le même modèle. En décrire quelques-unes, ce sera les faire connaître toutes et montrer la part qui leur revient dans la pathogénie des écrouelles. Nous prendrons pour

---

* Cette recherche répond à la question posée en 1845 par la Société, et conçue dans les termes suivants : *Faire l'examen des habitations d'un quartier quelconque de la ville, considérées comme causes de certaines maladies qui se développent dans la classe indigente.*

types celles qui sont les plus peuplées et tout à la fois les plus malsaines, par suite de la déclivité du sol et du voisinage immédiat du canal de la Seille : chacun de vous a reconnu les maisons de la rue Vigne-St.-Avold et de la rue du Champé.

Avant de pénétrer dans leur intérieur, constatons qu'il existe pour toutes une même condition : le cours d'eau qui les cotoie et les unit par le lien commun de l'insalubrité.

Jetons, Messieurs, un coup-d'œil rapide sur ce canal intérieur de la Seille, qui depuis sa création jusqu'à ce jour a été l'objet de tant de règlements de police, d'arrêtés municipaux et même d'ordonnances royales, et qui a suscité tant de réclamations en sens inverse, suivant qu'elles provenaient ou de ceux qui souffrent de ses émanations fétides, ou des propriétaires riverains dont les industries tirent parti de ses eaux.

Cette grave question a successivement éveillé l'attention des diverses administrations municipales, se présentant à toutes avec ses difficultés et n'ayant encore obtenu d'aucune la solution si vivement attendue. C'est qu'en effet, si tout le monde est d'accord sur l'insalubrité que répand sur son parcours ce canal intérieur de la Seille, tout le monde reconnaît aussi que son existence se lie à divers intérêts industriels, civils et militaires, et que l'ancienneté et l'incontestable valeur des droits acquis rendent fort difficile, une équitable solution de ce problème.

Ce canal longe la 5e section dans toute son étendue * et baigne les murs d'habitations dont les portes s'ouvrent sur

---

* Il lui forme une limite naturelle en la séparant de la 4e section dans son cours supérieur qui cotoie la rue Vigne-St.-Avold, et de la 2e dans son cours inférieur qui, au pont Sailly, change brusquement de direction et se recourbe à angle droit, pour descendre derrière les maisons de la rue Champé.

le lit même de la rivière et presque au niveau de ses eaux *. Dans son cours supérieur, il coule entre deux rives à peu près également élevées, ce qui permet à l'air un renouvellement moins difficile. Il n'en est plus ainsi du canal inférieur. Sa rive gauche est bordée, dans toute son étendue, par la grande industrie des tanneurs. C'est à une hauteur de dix mètres environ qu'est assise, sur le versant de la colline, la base des constructions servant à cette industrie et formant un côté de la rue Saulnerie. Ces maisons, à plusieurs étages sur cette voie, se continuent en arrière par quatre ou cinq autres étages inférieurs qui, d'une élévation considérable, descendent à pic jusqu'au niveau du canal. Ces immenses pignons, dressés les uns à côté des autres, laissant entre eux des intervalles ouverts dans toute la hauteur et dont les nombreux échafaudages sont garnis des produits de la tannerie, présentent, du pont de la Grève, un étrange

---

* Sur certains points, il s'est formé des atterrissements par l'accumulation de graviers et de débris organiques qui existent en quantité considérable dans le canal. Ils proviennent des maisons riveraines et surtout des aqueducs qui, d'une partie notable de la ville emmènent leur contenu dans la Seille. Souvent les usines font en peu d'heures baisser les eaux : la rivière alors se trouve réduite à un filet qui coule au milieu de son lit, et les détritus végétaux et animaux qu'elle renferme, restent à découvert, répandant au loin les miasmes qui s'en dégagent. Mais ce n'est pas seulement la mise à sec de ses bords qui rend la Seille dangereuse : l'inconvénient opposé était jadis très-fréquent. La crue rapide de ses eaux, après de grandes pluies, débordait dans les parties inférieures des maisons riveraines, en imbibait le sol et le laissait pour longtemps humide et malsain. Après des tentatives infructueuses, l'administration municipale a obtenu de la Direction du génie l'objet de sa demande, et les travaux considérables, exécutés l'an dernier au batardeau de la porte Mazelle, rendront désormais bien difficiles ces perfides inondations.

Dans leur cours inférieur, les eaux sont altérées par diverses industries qui les utilisent : les triperies, les amidonneries, la fabrication du suif, l'emmagasinage des chiffons, la tannerie, cette branche importante d'un des principaux commerces de la cité, sont concentrés sur le parcours inférieur du canal, et la plupart s'exercent sur des matières organiques dont la décomposition répand des émanations infectes.

et curieux point de vue. Mais si cet aspect, unique peut-être, est digne de tenter un habile pinceau, il ne peut qu'impressionner péniblement le médecin hygiéniste. Cette longue et haute barrière élevée contre le souffle des vents du nord, s'oppose au renouvellement de l'air le long du canal, et y rabat incessamment l'humidité avec les miasmes provenant des diverses industries exploitées sur les rives *.

Dans les deux rues que nous avons prises pour type, les maisons occupées par les indigents se composent de deux corps de logis séparés par une cour, l'un donnant sur la rue, l'autre aboutissant à la Seille; le premier habité déjà par des pauvres, le second par de plus pauvres encore : car il y a des degrés dans l'indigence, et la hiérarchie se fait sentir jusque dans les derniers rangs de l'échelle sociale. Les logements du premier corps de logis offrent certaines aisances et les prix en sont plus élevés; ceux du second n'abritent que la misère, ne décèlent que ce qu'elle a de plus hideux **.

* De là, cette humidité et ces miasmes pénétrant dans les habitations environnantes, en font autant de foyers d'infection, surtout pendant la saison des chaleurs. Lorsqu'on entre dans les corps de logis qui donnent sur la Seille, on est frappé de l'air humide qu'on y respire et d'une odeur qui varie suivant le quartier. Dans la rue de la Vigne-St.-Avold, c'est une atmosphère humide et infectée par suite de la mauvaise construction des latrines qui, situées sur la Seille, en rapportent l'humidité combinée avec leur propre odeur. Dans la rue du Champé, l'atmosphère offre un caractère plus spécial : elle est toujours humide, mais l'odeur des lieux d'aisances y est masquée par celle plus pénétrante de la tannerie et des matières animales putréfiées.

** A la Vigne-St.-Avold, le terrain s'abaisse sensiblement depuis la rue jusqu'au lit du canal. Cette pente a fait bâtir en contre-bas du sol le corps de logis de derrière. Encaissé par cette différence de niveau, qui est parfois d'un mètre, et cotoyé par la Seille, ce corps de logis est plus humide et se trouve privé de lumière au rez-de-chaussée. Dans la rue du Champé, c'est une disposition inverse, et dans plusieurs maisons, la partie moyenne du sol se trouve élevée en dos d'âne, tandis que le devant et le derrière sont plus bas que le milieu. Nous n'avons pu nous expliquer quelle a pu être la cause de cette singulière disposition, à moins qu'elle n'ait été prise pour s'opposer aux inondations

Les parties de ces habitations communes à tous les locataires, présentent une notable malpropreté. Ces grandes artères dans la distribution d'une maison, cour, allées, cages d'escalier, palliers, vestibules*, qui, par l'assainissement de l'atmosphère, deviennent les principaux moyens de salubrité, sont, dans ces habitations des pauvres, ou insuffisantes ou impropres à produire cet important résultat. Elles retiennent, au contraire, et concentrent un air humide, infect, renfermé, qui pénètre les logements, et, par une action lente mais continue, altère et détériore en général, la santé de ceux qui les habitent.

autrefois si fréquentes du canal. Il est difficile, en effet, d'attribuer à la seule incurie cette saillie moyenne du terrain qui nuit à la salubrité des autres parties du rez-de-chaussée.

* Les portes d'entrée donnent accès dans des allées basses, étroites, obscures, dont plusieurs sont voûtées, non pavées et boueuses. Ces allées sont en général longées, soit par des caniveaux, soit par des ruisseaux destinés à porter au dehors les eaux pluviales et ménagères. Ces conduits manquent souvent de la pente nécessaire et, mal entretenus, ils laissent filtrer et croupir les eaux qui les parcourent. Ils sont d'ailleurs presque toujours engorgés de résidus que, par négligence, les locataires y laissent séjourner. Dans plusieurs maisons, les allées des deux corps de logis, au lieu d'être situées sur le prolongement de la même ligne, s'ouvrent dans la cour intermédiaire aux extrémités de la diagonale. Cette distribution que rien ne justifie, nuit à la circulation de l'air, à son renouvellement et devient une nouvelle cause d'insalubrité.

Les cours intérieures sont d'ailleurs loin de remplir le but pour lequel on les a ménagées entre les deux corps de logis. Sans exception, elles sont étroites, humides et trop petites pour laisser pénétrer l'air et la lumière dans les logements qui s'ouvrent sur elles. Dans ces habitations construites par spéculation, l'espace est parcimonieusement distribué aux locataires, et le moindre recoin y est parfois utilisé pour la demeure de toute une famille. C'est ainsi que dans plusieurs de ces cours insuffisantes, une regrettable avidité a fini par bâtir, sur l'un des côtés, quelqu'échoppe parasite, restreignant l'espace, absorbant l'air et le jour.

Les escaliers sont généralement étroits et obscurs : beaucoup ne laissent pénétrer ni l'air ni la lumière ; quelques-uns sont si rapides et dans un tel état de dégradation, que ce n'est pas sans danger qu'on en franchit les degrés.

Quant au développement spécial des scrofules, Messieurs, nous en trouvons les causes ordinaires réunies dans ces défectueuses constructions et dans cette humidité constante de l'air déjà signalée. Cette condition atmosphérique devient d'autant plus puissante dans sa délétère influence, qu'elle se combine avec une température moins élevée. Telle est précisément la constitution météorologique de notre ville: la température froide et humide y prédomine pendant une grande partie de chaque année. Aussi la marche habituelle de la maladie, dans notre localité, sert-elle de démonstration à cette influence du climat et du retour périodique des saisons. En hiver, le froid et l'humidité préparent lentement le mal dont les accidents font explosion au printemps, se modifient avantageusement pendant les chaleurs sèches de l'été et guérissent en automne.

Sans nous égarer dans le champ des hypothèses, nous devons remarquer combien la macération constante de l'organisme dans un air humide et froid, est propre à faire prédominer les liquides blancs de l'économie, à exalter l'appareil qui les élabore, à développer le tissu cellulaire qui en est abreuvé et à augmenter le nombre, le volume et la force des vaisseaux qui les contiennent. Tel serait le mécanisme plausible de la modification remarquable que subit dans ces circonstances, l'organisation animale et même végétale et qu'on désigne sous le nom d'étiolement, premier degré d'un affaiblissement général prédisposant à la scrofule.

Mais il est d'autres altérations de l'air qui, combinées avec les précédentes, atteignent plus profondément l'organisme. Ces viciations, nous allons les constater, Messieurs, en pénétrant dans les logements de chaque famille et en examinant les chambres qu'elles occupent.

En grande majorité, les maisons habitées par les pauvres, se composent de chambres indépendantes ouvrant sur un corridor. A chaque chambre est annexé un cabinet sans air et sans lumière : telle est, messieurs, la demeure ordinaire de toute une famille *. Ces chambres sont petites et basses : leur capacité est loin de suffire aux malheureux qui y sont entassés **. D'une telle agglomération dans de semblables réduits, il résulte que le volume d'air est loin d'y être suffisant, et que cet air promptement désoxygéné, devient impropre à la respiration***.

L'atmosphère du logement reste d'ailleurs d'autant moins saine que le peuple de notre ville n'a pas l'habitude de la renouveler et maintient, au contraire, strictement closes toutes les ouvertures. Ignorant que la pureté de l'air est indispensable à la conservation de la santé, il s'habitue trop à vivre au milieu d'une atmosphère irrespirable pour quiconque n'y serait pas accoutumé****.

* L'étroit espace qu'occupe chaque ménage fait comprendre que toutes les maisons contiennent un grand nombre de familles, et que la population y est beaucoup trop resserrée. Cette agglomération caractérise les rues du Champé et de la Vigne-St.-Avold, et c'est dans l'intérieur des logements qu'elle exerce surtout sa nuisible influence.

** Les pauvres partagent souvent l'air déjà trop raréfié de leur chambre avec divers animaux domestiques. Nous avons, en effet, rencontré chez plusieurs et vivant d'une commune existence, non-seulement des chiens ou des chats, mais des cabiais, des lapins et même des chèvres. Hâtons-nous de dire que, grâce à la vulgarisation des notions d'hygiène, cette mauvaise coutume diminue peu à peu. Toutefois, un certain nombre de maisons donnent encore asile à des vaches ou à des chevaux pressés les uns contre les autres, dans des réduits bas, obscurs et humides dont l'atmosphère est suffocante.

*** Cette viciation nuit à l'hématose et altère profondément la constitution, chez les femmes surtout, dont la vie est plus sédentaire. Il en est de même des enfants, dont les berceaux sont souvent couverts de rideaux épais qui concentrent, autour des nouveaux-nés, une atmosphère moins respirable encore. Ces chambres si petites, n'ont trop souvent que des portes et des fenêtres insuffisantes pour que l'air en soit facilement et complètement renouvelé. Celui du cabinet ne l'est jamais, puisqu'il est impossible d'y établir un courant quelconque.

**** Ce danger est-il au moins atténué par la bienfaisante action de la lumière,

L'encombrement des intérieurs s'augmente par la nécessité de loger le métier, les outils ou instruments de l'industrie qui est le gagne pain * de la famille et qui suffit à peine aux besoins de chaque jour. Ces besoins, Messieurs, sont pressants pour le pauvre, et quelqu'effort qu'il fasse pour se créer des ressources, elles n'augmentent pas toujours en proportion du prix sans cesse croissant des choses nécessaires à la vie. Aussi est-ce sur l'alimentation qu'il doit le plus souvent faire porter des réductions forcées **. La

par les rayons vivifiants du soleil ? Il n'en saurait malheureusement être ainsi. L'étroitesse des fenêtres ne laisse pénétrer qu'un jour affaibli ; la petitesse des cours et la mauvaise exposition, celle du nord pour les façades postérieures de la rue du Champé, celle de l'ouest pour les mêmes façades dans la rue Vigne-St.-Avold, soustraient beaucoup de logements aux rayonnements du soleil. Les rez-de-chaussée de toutes les maisons, sans exception, restent encore obscurs dans les jours les plus lumineux de l'année.

Les planchers des chambres sont disjoints, sales, mal entretenus ; au rez-de-chaussée, la plupart reposent sur le sol humide, quelques-uns, en petit nombre, sur des caves souvent inondées par les eaux du canal. Les murs et les plafonds sont noircis par la fumée, qui, sans être nuisible en soi, vient ajouter ses inconvénients aux mauvaises qualités de l'atmosphère.

L'exiguïté du logement amène l'encombrement de la chambre, et surtout celui du cabinet, par divers ustensiles et, trop souvent aussi, par les résidus ménagers de plusieurs jours. C'est là que, pêle-mêle avec le linge sale, sont parfois relégués plusieurs enfants que ne saurait contenir la chambre occupée par le reste de la famille.

* Les plus communes de ces industries sont, pour les hommes de ce quartier, celles de chiffonniers, de manœuvres, parmi lesquels on distingue ceux admis au chemin de fer, ceux qui vont à la journée travailler aux vignes et les porteurs de sacs ; puis les professions de tanneurs et de corroyeurs, de tailleurs de pierre ; enfin celles de tisserands, de tisseurs en soie et d'ouvriers tailleurs d'habits. Parmi les femmes, en outre des occupations du ménage, les chiffonnières, les nettoyeuses de légumes secs, les couturières et les brodeuses forment les industries les plus répandues.

** Lorsque vous interrogez ces malheureux sur leurs moyens d'existence, beaucoup vous répondent avec une confiance qui étonne : « Chaque jour doit « se suffire : nous sortons le matin et nous cherchons quelque chose à faire « pour gagner. » Et, si frappé de l'exiguïté de ce gain, vous insistez : « Il ne « nous faut, ajoutent-ils, que bien peu de choses pour vivre. »

nourriture est donc en général, pour les adultes, insuffisante, toujours grossière, souvent exclusive et par fois de mauvaise qualité [*].

Quant aux enfants, ils sont le plus souvent allaités par leur mère. Or, la plupart de ces femmes indigentes, retenues chez elles par les soins du ménage ou par des occupations sédentaires, ont déjà subi un certain degré d'étiolement. Le milieu dans lequel elles vivent et les privations de tout genre ont affaibli leur constitution. Ces mères sont donc de mauvaises nourrices, le plus souvent anhémiques ou chlorotiques, et le lait qu'elle donnent à leurs enfants n'a point les qualités nécessaires à cet aliment des nouveaux-nés. Incomplet ou nuisible, il fatigue le tube digestif et appauvrit l'économie. L'enfant qui souffre devient difficile, et la première pensée de la mère, si ce n'est celle des femmes qui l'entourent, c'est qu'il n'a pas assez bu. L'insuffisance du lait est d'ailleurs souvent réelle chez ces femmes débili-

---

[*] Le lard, par exemple, et la pomme de terre, dont l'usage, presqu'unique pendant les hivers, est propre à déterminer la scrofule. Depuis un certain nombre d'années, la rareté du vin et l'élévation de son prix n'en permettent plus l'usage régulier, qu'aux ouvriers les moins indigents. La consommation de l'eau-de-vie y supplée et augmente en proportion, entraînant avec elle, pour les adultes, les divers accidents et les dégénérescences ordinaires des abus de cette funeste boisson. Tantôt c'est un agité qui, pendant un accès de delirium tremens, se précipite dans un puits pour échapper aux visions qui le poursuivent; tantôt c'est un dément qui, de la période d'excitation intellectuelle, est tombé dans l'hébétude et, devenu incapable, n'est plus qu'un fardeau pour sa famille. Avant d'arriver à ses périodes extrêmes, l'alcoolisme produit déjà dans l'économie un commencement de dégénération dont nous aurons à signaler l'influence sur le développement de la scrofule, en parlant de l'hérédité de ce mal.

L'eau qui forme la boisson habituelle des indigents provient des fontaines et ne laisse rien à désirer par ses qualités : elle ne saurait donc, en tant que boisson, être regardée comme cause de la scrofule; mais indirectement et en faisant, par son insuffisance, défaut à diverses mesures hygiéniques, elle peut contribuer à la fréquence de cette maladie.

tées. On supplée alors au lait de la mère par les bouillies et les soupes dont on gorge le nouveau-né, sans songer que de pareils aliments ne sont pas en rapport avec la résistance de l'estomac, qui, à cet âge, n'est point organisé encore pour les bien digérer. C'est alors qu'au lieu d'en restreindre la proportion et d'espacer les repas, on se plaît, au contraire, à les rapprocher et à repaître l'enfant de cette nourriture indigeste. Hélas! ces barbares préjugés ne se rencontrent pas seulement chez les pauvres : ils sont répandus dans les classes même les plus éclairées, et la voix du médecin est trop souvent impuissante à les déraciner.

Les recherches scientifiques et les données de l'expérience ont produit de merveilleux résultats en horticulture et dans l'art d'élever les bestiaux; mais, chose étrange, l'homme se montre moins soucieux de l'éducation de sa propre espèce, et la direction du régime de l'enfance présente encore de regrettables abus. Il est pourtant d'observation que le plus grand nombre d'enfants scrofuleux se rencontre parmi ceux qui, au lieu du sein de leur mère, ont pris pendant les premiers mois de la vie, cette nourriture artificielle et indigeste. Le sevrage effectué, ce sont encore les mêmes errements qui président à l'alimentation des enfants, dont le tube digestif déjà trop éprouvé, s'altère de plus en plus*.

C'est surtout quand l'inaction coïncide avec une alimentation trop abondante que la constitution se détériore, et

---

* Alors surviennent le dévoiement, les vomissements, et tout le cortége des irritations gastro-intestinales. Mais les petits malades n'en demandent pas moins à manger, et leur voracité est souvent en raison directe de l'intensité de l'affection des voies digestives. De là l'addéphagie qu'il est si commun de rencontrer chez eux. On conçoit, en effet, que l'appareil digestif fonctionnant mal, ne fournit qu'un chyle imparfait, et que la nutrition doit, en définitive, être troublée et viciée par des matériaux aussi mal élaborés. Peut-être d'ailleurs ce besoin continuel d'aliments vient-il de ce que l'organisme se sent incomplètement nourri, malgré l'abondance des sucs dont il est abreuvé.

telle est la condition la plus commune des enfants d'indigents. Leur vie se passe à la maison, sous les yeux de leur mère. Rarement ils sortent de leur quartier pour être conduits à la promenade. Ce défaut d'exercice est une cause de scrofule, qui vient se combiner avec l'altération de l'air dans les salles d'asile et dans les écoles*.

Plus âgés, les garçons placés en apprentissage sortent enfin de ce milieu restreint où a été confinée leur enfance. Ils changent d'air et trouvent, dans les travaux de l'atelier, l'exercice indispensable au développement du corps et à la réparation des forces. Mais les filles, en grandissant, ne rencontrent pas cette compensation. Lorsqu'elles quittent l'école pour l'apprentissage, c'est toujours l'air impur qu'elles respirent, c'est toujours l'inaction du corps et la vie sédentaire qui restent leur partage. C'est aussi parmi elles, qu'après l'âge de douze ans, on remarque le plus de scrofuleux. La puberté qui, pour les garçons, est fréquemment une époque de salut, devient très-souvent pour les jeunes filles, le point de départ d'une foule d'accidents et de difficultés nouvelles. Il est en effet d'expérience que les grandes évolutions qui se succèdent dans l'économie, sont suivies de la manifestation du mal chez les sujets qui y sont prédisposés. Ainsi la première et la seconde dentition, la menstruation, la grossesse et l'accouchement deviennent des

---

* On a remarqué fréquemment que quand les enfants ont séjourné un certain temps dans ces locaux, ils se colorent, deviennent lourds, peu attentifs et s'endorment : phénomènes qui tiennent probablement à la viciation et à la raréfaction de l'atmosphère. On conçoit d'ailleurs toute l'importance d'un bon système de ventilation, dans les lieux destinés à contenir chaque jour un grand nombre d'enfants. Réclamées depuis longtemps, une nouvelle salle d'asile et des salles d'école spacieuses, bien éclairées et suffisamment aérées, viennent, par les soins de l'administration, d'être construites au bas de la rue du Champé. Grâce à l'ouverture de ces locaux, la salle d'asile de la rue Mazelle aura pu être allégée d'un certain nombre de ses enfants.

causes occasionnelles de la scrofule, et révèlent la connexion qui paraît exister entre cette maladie et les grandes phases de la vie organique. C'est sans doute encore par suite de la même relation que certaines maladies aiguës, les fièvres exanthématiques et les fièvres continues, par exemple, sont si souvent suivies, au milieu même de la convalescence, des premières manifestations du mal. C'est là une conséquence trop fréquente chez les enfants des pauvres, parce qu'ils manquent de la vitalité nécessaire pour achever leur rétablissement*.

On pourrait objecter, Messieurs, que si l'on rencontre l'affection scrofuleuse chez les jeunes filles plus souvent que chez les garçons, cette différence tient moins à la nature de leurs travaux, qu'au tempérament lymphatique et à la constitution plus molle et plus délicate de la femme. Nous devons vous l'avouer, Messieurs, nous n'avons pas observé dans le service de charité de la cinquième section, que les scrofules fussent l'apanage exclusif du tempérament lymphatique, ni même que les cas en fussent plus nombreux chez les sujets qui offrent les attributs de ce tempérament. L'observation attentive des enfants nous a fait rencontrer, parmi ceux qui sont affectés d'écrouelles, presqu'aussi souvent les yeux noirs que les yeux bleus, la peau brune et mate que le teint blanc rosé, les cheveux bruns que les cheveux blonds, la constitution sèche que les formes pleines et arrondies..., et nous avons pu journellement confirmer ces observations sur les enfants des hospices de Metz, ainsi que sur les orphelines. La scrofule, sans aucun doute, affecte

* N'est-ce pas encore à cet état de faiblesse relative qu'est due l'affection vermineuse si commune chez ces êtres débiles? En effet, les germes des vers ne se développent dans l'intestin et ne peuvent y vivre que dans une sécrétion particulière de mucus altéré, qui lui-même est un résultat des écrouelles et non une de leurs causes.

pour siège de prédilection le système des vaisseaux blancs et les glandes qui sont les intrications nécessaires de cet appareil. Elle doit donc développer et faire prédominer cet ensemble d'organes qui sont les agents de la même fonction. Mais n'est-ce pas là déjà un effet de la prédisposition et un résultat de ses modifications organiques, plutôt qu'une des causes de la diathèse elle-même ? Que de difficultés, Messieurs, dans ces longues et arides recherches sur l'étiologie, dont les lumières deviendront un jour si fécondes, et que de profondeur dans ce magnifique langage d'Hippocrate : *Ars longa, judicium difficile, experientia fallax!*

Quelle que soit dans la pathogénie des écrouelles, la part du tempérament et de la constitution dont les attributs incertains et variables, ne sont pas toujours faciles à déterminer, surtout chez les enfants, le tempérament lymphatique ne nous paraît donc pas une condition nécessaire. Peut-être même son rôle se borne-t-il à opposer moins de résistance aux causes qui tendent à détériorer l'économie. Quant à la constitution, sa débilité devient évidemment une condition prédisposante, puisque, sans exception, les causes que nous venons de passer en revue ont pour effet d'affaiblir lentement l'organisme.

Les vraies conditions du mal, Messieurs, nous les avons recherchées d'abord dans la topographie de la cinquième section; puis dans l'examen des habitations des indigents, dans leur régime alimentaire, leurs habitudes, leurs mœurs, leurs professions : circonstances individuelles constituant leur mode d'existence dans cette subdivision de la cité qui a été plus spécialement l'objet de notre étude.

Ces causes nombreuses de la scrofule n'ont pas toutes le même degré de puissance, ni le même mode d'action. Sous ce rapport, elles ont été distinguées en occasionnelles et en prédisposantes. En ce qui regarde les écrouelles, nous n'attachons qu'un intérêt secondaire à cette distinction des causes dont la plupart deviennent tantôt occasionnelles, tantôt prédisposantes, selon les circonstances. Nos observations nous feraient volontiers diviser les causes des scrofules en deux ordres : les unes *hygiéniques*, toutes extra-personnelles ; les autres *organiques*, toutes individuelles.

Les causes *hygiéniques*, ou plutôt anti-hygiéniques des écrouelles, sont, pour les indigents de la cinquième section : le voisinage de la Seille et de son canal, l'habitation dans des lieux bas, humides et froids, la viciation de l'air, la nourriture insuffisante, peu animalisée, et surtout le régime défectueux suivi pour les enfants, le défaut d'exercice et le genre de vie que leur impose la misère. De ces conditions, aucune ne serait certainement assez puissante pour produire isolément la diathèse scrofuleuse : c'est par la réunion de plusieurs d'entre elles et par leur action combinée, que le mal se développe. Mais, si énergique que soit cette action même combinée, dans l'immense majorité des cas, elle ne saurait suffire à expliquer la production du mal sans l'intervention des causes *organiques*.

Celles-ci, qui dépendent de l'individu, se rapportent, ainsi que nous l'avons montré, à l'enfance, au sexe féminin, à la débilité de la constitution, aux grandes phases que traverse l'organisme dans son évolution, à quelque maladie aiguë ou chronique qui vient l'affaiblir ; enfin, et surtout à l'*hérédité* dont il nous reste à parler pour compléter ce tableau des causes de la scrofule.

Messieurs, les influences que nous avons cherché à vous faire apprécier dans ce milieu délétère où naissent, croissent, vivent et meurent les indigents de la cinquième section de notre ville, peuvent se résumer en un seul mode d'action : toutes elles tendent à déprimer la vitalité.

De là ce cachet spécial d'étiolement qui caractérise les pauvres en général et ceux-ci en particulier. En outre de la misère et des privations qu'elle entraîne, les excès qui en sont trop communément une plus triste conséquence, viennent ajouter leurs effets à ceux des autres causes de débilitation. De ces funestes écarts, les plus fréquents sont ceux de l'ivrognerie et de la débauche. Ici, le jeune manouvrier, déjà fatigué, se livre à l'usage de l'eau-de-vie, et bientôt sur la pente rapide de cette fatale passion, il arrive à l'alcoolisme qui dégrade son intelligence et ruine son corps. Plus loin, c'est la jeune fille qui, n'ayant peut-être pas assez compris pour elle-même les hauts enseignements de la moralité, trop souvent d'ailleurs livrée sans guide à son inexpérience, oublie sa propre dignité : autre cause trop commune de dépravation physique et morale, dans un quartier situé entre deux casernes, et dont les confins touchent au refuge de la prostitution.

Nous ne voulons pas, Messieurs, établir de parité entre la syphilis dégénérée et la scrofule naissante, question encore indécise entre des partisans absolus et des adversaires déclarés. En présence de cette controverse, bornons-nous à signaler l'abus souvent prématuré de certains plaisirs avec leurs suites trop fréquentes, suites dont les transformations infectent et épuisent l'économie.

Tels sont les antécédents ordinaires des adolescents de cette classe, lorsqu'ils arrivent à l'époque du mariage. De là des unions qui s'effectuent le plus souvent entre des couples de même condition, habitant sinon les mêmes rues, du moins des quartiers analogues*. De ces unions, naissent des

---

* Lorsque les pauvres changent de logement, ils choisissent leur nouveau domicile le plus souvent dans la même rue, ou dans quelque rue voisine. Ce n'est que rarement qu'ils quittent le quartier auquel les attachent et leurs habitudes et leurs besoins.

enfants qui proviennent donc déjà de parents affaiblis, non-seulement par l'ensemble des causes que nous avons décrites, mais encore par leurs excès personnels ; et cette progéniture apporte, en naissant, la tache originelle qu'elle a reçue de ses parents. Une semblable observation avait jadis fait dire au poëte latin : *Fortes fortibus creantur*. Selon la pensée d'Horace, il est naturel que de tels époux ne donnent le jour qu'à des êtres mal organisés et prédisposés aux affections scrofuleuses. Cette prédisposition héréditaire, ils l'augmentent en eux-mêmes par les conditions de leur propre existence, et ainsi aggravée, ils la transmettent à leurs enfants. La scrofule devient par là une maladie de famille dont l'intensité s'accroît de génération en génération, et qui, si les progrès n'en sont combattus et arrêtés, subit dans la même descendance diverses transformations, pour aboutir enfin à la dégénérescence de l'espèce et à l'extinction de la race.

Dans son Traité des causes, Fernel écrivait : *Senes et valetudinarii imbecilles filios vitiosâ constitutione gignunt*. Influence héréditaire et diathèse scrofuleuse sont donc deux termes d'une même réalité. Ce ne sont ni les engorgements glanduleux, ni l'ophthalmie qui passent du père à l'enfant, mais c'est la disposition qui y conduit. Elle est parfois, Messieurs, tellement vivace, qu'elle peut traverser une génération sans se trahir, et reparaître à la génération suivante, comme l'établissait Boerrhaave dans ses aphorismes : *Silente sæpe morbo in genitore, dum ex avo derivatur in nepotem*. Ces tristes résultats s'observent d'autant mieux chez les indigents, que, ne s'alliant qu'entre eux et dans un cercle assez restreint ; le défaut de croisement perpétue les influences héréditaires et en aggrave les suites. Excusons-les, Messieurs, puisqu'ils n'ont pas la liberté du choix : mais quel sujet de réflexions pour les pères de famille !

L'hérédité de la scrofule est donc prouvée par l'observation et par le raisonnement : de toutes les causes de cette maladie, l'hérédité en est la plus générale et en renferme le principe. Si elle n'est pas strictement indispensable à la production du mal, du moins en forme-t-elle la plus puissante condition. C'est la cause prédisposante par excellence, puisqu'elle résume en soi les autres causes individuelles qui n'en sont, en quelque sorte, que des corollaires.

L'influence de l'hérédité est encore prouvée, Messieurs, par le déplorable état où sont déjà réduits, dès les premiers mois de leur existence, presque tous les nouveaux-nés déposés à l'hospice Saint-Nicolas, pauvres êtres prédestinés à une vie de souffrance, si ce n'est à une mort prématurée, parce qu'ils sont les fils du libertinage ravis au sein maternel par la misère ou par la honte.

Sur des enfants plus âgés, la puissance de la transmission se manifeste avec la même évidence parmi les orphelins, dont les parents maladifs sont morts d'écrouelles, de phthisie, de quelqu'une de ces affections qui moissonnent, avant le temps, la population des villes.

Si déjà, Messieurs, nous n'avions abusé de vos instants, ce serait le moment de rechercher le lien qui rapproche la scrofule de certaines autres maladies générales et diathésiques comme elle. L'œil armé du microscope, et les réactifs à la main, nous rendrions hommage à ce siècle d'investigations exactes où la médecine analyse tous les faits et en compte les résultats, oubliant trop, peut-être, que la vie elle-même échappe à la balance, et que comme un horizon toujours mouvant, les différences individuelles se jouent d'une consciencieuse arithmétique. Nous nous abstenons à regret de soulever la chaîne dont les anneaux mystérieusement unis, conduisent par d'insensibles transitions, de la scrofule au tubercule, au rachitisme, aux degrés divers du goître, au crétinisme, à l'idiotie, à la surdi-mutité ...., ces arrêts de développement qui varient et diffèrent par leur siége, mais qui tous dérivent du même principe et constituent des questions élevées de philosophie médicale, en même temps qu'ils deviennent des problèmes sociaux d'une haute portée.

Si dans l'état actuel de nos connaissances, on ne peut démontrer l'identité de ces tristes dégénérescences de l'espèce humaine, on peut affirmer avec conviction qu'elles sont bien voisines du mal que nous étudions. Comme la scrofule, en effet, ce sont des maladies générales qui ont les mêmes causes, la même marche, la même ténacité : comme la scrofule, ce sont des maladies de race qui, si elles ne sont conjurées par une sorte de régénérescence, vont se multipliant et croissant dans la même filiation jusqu'à ce qu'elles l'aient annihilée.

Quelques amis de l'humanité, déduisant les conséquences rigoureuses de l'hérédité de ces affections, auraient voulu que le mariage fût interdit à ceux qui en sont atteints. Mais, en supposant à la société la légitimité de ce droit, ce n'est pas avec un texte de loi qu'on éteint les passions, et cette interdiction légale, qui deviendrait infailliblement une source nouvelle de démoralisation, était d'ailleurs inutile. Par un effet providentiel, le salut naît de l'excès même du mal : les maladies héréditaires qui n'accomplissent toutes leurs phases qu'en les parcourant à travers plusieurs générations successives, produisent la stérilité qui dispense des restrictions de la loi. Il n'est pas même besoin que l'état dégénératif, résultat spécial de la diathèse, ait achevé toutes ses périodes et réduit l'économie au dernier degré de dégénérescence physique ou morale. Souvent, au milieu de son cours, la déviation du type normal de l'espèce humaine s'arrête tout à coup, frappée d'impuissance : et c'est ainsi, Messieurs, que chaque jour nous voyons s'éteindre des familles entières, comme marquées en quelque sorte du sceau de la fatalité.

Ce fait social ne date pas de notre âge: il avait été observé dans la société romaine, et c'est lui que le poëte déjà cité stigmatisait en ces termes énergiques :

> Ætas parentum, pejor avis, tulit
> Nos nequiores, mox daturos
> Progeniem vitiosiorem.

Lorsqu'on réfléchit à cette loi fatale de transmission héréditaire qui régit un si grand nombre de maladies, on reste frappé de la responsabilité terrible du chef de famille qui, par une faute souvent excusée, peut compromettre toute sa descendance, vouer à une vie misérable des générations successives et amener, pour dernier terme, la dégénérescence et l'extinction de sa propre race.

Telles sont, Messieurs, les principales conséquences qui, à première vue, ressortent de cette étude des causes et des évolutions de la diathèse scrofuleuse, recherchées et suivies dans des faits qui se passent journellement sous nos yeux.

Quoique trop rapidement exposées, ces considérations nous semblent de nature à définir le véritable rôle de la médecine et à en faire apprécier toute l'importance dans le traitement de ces maladies qui, par l'hérédité, se perpétuent en s'étendant à des populations entières.

Pour les combattre plus sûrement, pour prévenir une série de maux que lui seul sait prévoir, le médecin doit avoir le courage de la vérité. Que son ferme langage protège donc les intérêts dont la confiance le rend dépositaire ! Que la persuasive autorité de sa parole préserve les enfants des dangers qui menacent leur avenir, en éclairant les pères, en leur inspirant la persévérance capable d'assurer le succès ! Qu'enfin le caractère et le dévouement du médecin, empreints de la dignité de son ministère, l'élèvent à cette haute position, qui seule lui permet d'en remplir tous les devoirs au sein des familles, et de réaliser dans l'état social, les améliorations qui sont dues aux progrès scientifiques !

C'est ainsi, Messieurs, qu'accomplissant son double mandat, d'entretenir le culte de la science et de maintenir l'honneur de la profession, la Société des Sciences médicales du département de la Moselle aura bien mérité, tout à la fois, de ses concitoyens, de la ville et du pays.

www.ingramcontent.com/pod-product-compliance
Lightning Source LLC
Chambersburg PA
CBHW060555050426
42451CB00011B/1926